Di lo que quieres decir
2019

Antología de siglemas 575

Di lo que quieres decir 2019

Antología de siglemas 575

Patricia Schaefer Röder, Editora

Colección Carey

Ediciones Scriba NYC

Di lo que quieres decir 2019 – Antología de siglemas 575
Patricia Schaefer Röder, Editora
© 2019 PSR
Ediciones Scriba NYC
Colección Carey – Poesía

Fotografía y arte de portada: Jorge Muñoz
© Ediciones Scriba NYC, 2019

siglema575.blogspot.com

Impresión: Kindle Direct Publishing

ISBN: 9781732676732

Scriba NYC
Soluciones Lingüísticas Integradas
26 Carr. 833, Suite 816
Guaynabo, Puerto Rico 00971
+1 787 2873728
scribanyc.com

Septiembre 2019

"Imagen viva
se mueve entre líneas
y me levanta.

...

Me invitas a ir
al final del gran mundo
y descubrirlo".

Patricia Schaefer Röder
"SIGLEMA"

CONTENIDO

PRÓLOGO

La poesía es el arte de contar las cosas de manera bella. Dentro de la poesía, la corriente minimalista lleva a deshacerse de todo lo superfluo, yendo directamente al grano de lo que se quiere expresar. En medio de la tendencia universal actual, que nos hace fijarnos en aquello que de verdad importa, se gestó el *siglema 575* como una nueva forma poética minimalista que se basa en la premisa de que "todo se originó de un punto, y todo puede reducirse a un punto".

Un siglema 575 es un poema que se escribe en base a las letras de la palabra o palabras que definen su tema y que constituyen su título, que queda representado en mayúsculas, como un acrónimo. Cada estrofa posee tres versos, de los cuales la primera palabra del primero debe comenzar con la letra correspondiente a la sigla que le toca. La métrica es 5-7-5, con rima libre. Por su naturaleza acrónima, cada estrofa debe constituir una idea cerrada y terminar en punto, para así funcionar independientemente como un poema autónomo que trate el tema en cuestión, y en conjunto, como parte de un poema de varias estrofas que gire alrededor del mismo tema. En un siglema 575 hay tantas estrofas como letras posea el título.

El siglema 575 es de métrica breve y cuenta con reglas sencillas para su construcción; permite usar la métrica natural o las licencias poéticas, si se desea. Al ser de temática y rima libres, le confiere al poeta todo el poder creador y conceptualizador desde el mismo título del poema. Si se siguen las reglas correctamente, el siglema 575 puede ser el primer paso en el descubrimiento de la poesía como una importante forma de expresión.

En su compromiso con la excelencia en la expresión escrita, Scriba NYC Soluciones Lingüísticas Integradas convocó al 5to. Certamen Internacional de Siglema 575 "Di lo que quieres decir" 2019, siguiendo el gran éxito obtenido en las cuatro ediciones anteriores del mismo desde 2015. Este año se dieron cita poetas de catorce países de América y Europa, enviando 330 participaciones que abarcaron diversos temas. El jurado estuvo formado por cinco personalidades de la letras de cuatro países: Doris M. Irizarry (Puerto Rico), ganadora del primer premio del 4to. Certamen Internacional de Siglema 575

"Di lo que quieres decir" 2018, autora del libro de cuentos *Ahora puedo decirte que te quiero*; María Dávila (Puerto Rico), poeta y escritora, autora del poemario *Versos de lluvia*; Elena Galindo (Estados Unidos), M.A. en Estudios Latinoamericanos y profesora de Inglés en Hillsborough Community College, Florida; Nicolás Meyer (Argentina), escritor y periodista, autor del *Diccionario biográfico de estadounidenses de ascendencia hispana*; y Álvaro Ortegón (Colombia), psicólogo y poeta, autor del poemario *Llamas al viento*. Ellos consideraron los siglemas 575 participantes en cuanto a su lírica, minimalismo, conceptualización del tema en cada estrofa e integración de todas las estrofas en un poema que plasme el tema de inspiración.

El primer premio lo obtuvo MUERTAS, de Federico de Jesús Jiménez (México); segundo premio TU PARTIDA AL CIELO, de Cinthya Tarazona Palacios (Perú); tercer premio A VECES, de Thalia Milagros Sánchez (Venezuela). Las menciones honoríficas recayeron en TAMBOR DE AGUA, de Yajaira Álvarez (Venezuela); ROMPECABEZAS, de Edwin Colón Pagán (Puerto Rico); DISTANCIA, de Miguel Ángel Real (Francia); LEJANÍA Y FE, de Alcides Ramón Meléndez (EE.UU./Venezuela); RELICARIO, de Sandra Santana (Puerto Rico); MAR DE PREGUNTAS, de Yarimar Marrero Rodríguez (Puerto Rico) y HOJA, de Silvia Gabriela Vázquez (Argentina).

Di lo que quieres decir 2019 recoge los siglemas 575 premiados, así como una selección de los más destacados en el certamen. La poesía, la distancia, el tiempo, la nostalgia, la familia, la vida, el amor y las pasiones, la enfermedad y la muerte fueron temas universales descritos por un gran número de poetas en este evento internacional. Asimismo, la patria, la música, la naturaleza, las mascotas, una casa vieja y hasta un crucigrama, entre muchas otras estampas, quedaron plasmados a través de esta forma poética bella, esencial y minimalista.

Scriba NYC Soluciones Lingüísticas Integradas agradece la concurrencia de los participantes en este encuentro y felicita a los poetas premiados, así como a todos los concursantes, por haber aceptado el reto poético del siglema 575, atreviéndose a *decir lo que quieren decir*.

Patricia Schaefer Röder, Editora

SIGLEMAS 575
PREMIADOS

PRIMER PREMIO

Federico de Jesús Jiménez
México

MUERTAS

Mary, Alberta
Janet, Alondra, Mirna
Livier, Cecilia.

Úrsula, Laura
Moni, Karina, Lisset
Paz, Melissa, Flor.

Esther, Lorenza
Gina, Nayelli, Ana
Selene, Cristi.

Ramona, Lili
Edith, Carla, Jennifer
Cinthya, Hortensia.

Tatiana, Rosa
Ivana, Guillermina
Dolores, Brisa.

Alma, Valeria
Blanca, Delfina, Delia
Francia, Paola.

Selene, Diana
Fernanda, Sara, Anahí...
Basta, ¡ni una más!

SEGUNDO PREMIO

Cinthya Tarazona Palacios
Perú

TU PARTIDA AL CIELO

Te escondo en
la profundidad de mi
abismo yerro.

Uno a uno
gritan fuerte mis porqués
quebrando calmas.

Poco a poco
me azotan contra tu
carita triste.

Aún estás en
cada rincón mudo de
todo lo que fui.

Razones caen
por las escaleras de
mi fe fallida.

Tosiéndome tus
besos en el corazón
tu voz escuece.

Insensata al
pensar ganarle a la
dama de negro.

Declaré guerra
en mayo, luché, pero
ya era tarde.

A los dioses les
ofrecí todo lo que
tenía, alma.

Al alba se fue
mi voz con tu mirada
envidié tu paz.

Lo que nunca te
dije se escapó hoy
en un "te amo".

Cada lágrima
hiere mi razón, quema
como infierno.

Intensas noches
me han costado saber
que estás mejor.

Entendí que la
muerte a veces salva
vence al dolor.

Lo mejor que te
podía pasar era
volver al cielo.

Otra vez te he
visto en los ojos del
mar, sonriéndome.

TERCER PREMIO

Thalia Milagros Sánchez
Venezuela

A VECES

Ante la noche
arriba el silencio
en mi despensa.

Vacío voraz
mirándonos a todos
con el desprecio.

Escena común
de agua, en ayuno
antes de dormir.

Cerca el ruido
la densa atmósfera
de lo que grita.

Excepto Mamá
envuelta en su llanto
desde el cuarto.

Soñando pactar
con la promesa del pan
de cada día.

MENCIONES
HONORÍFICAS

MENCIÓN DE HONOR

Yajaira Álvarez
Venezuela

TAMBOR DE AGUA

Tambor tu son
es un río sin piel
entre los dedos.

Al aire atrapan
tamboreos y coros
en selva plena.

Mujeres entran
al río: lavan, pescan
paren tu esencia.

Baka es tu pueblo
de baja talla, cubre
tus venas altas.

Ofrendas la paz
al mundo herido y triste
vibra la vida.

Rumor del agua
son tus polifonías
tez de mujer.

De pie en el agua
su fluidez tocan, naces
canción de *yelli*.

En las mañanas
unánimes mujeres
alzan tus cantos.

Agua es mujer
amamantan raíces
de antiguos cantos.

Gestos de manos
invocan tu dios Yengi
piden amparo.

Umbral del canto
en el *yodel* sonoro
el Congo vibra.

Acordes justos
las mariposas blancas
miran tus aguas.

Edwin Colón Pagán
Puerto Rico

ROMPECABEZAS

Rosas de plástico
siembras en mi desierto
violas la nada.

Oxigenando
al estambre marchito
despedazado.

Mustia hojarasca
riega amargas semillas
sobre el carpelo.

Pistilo virgen
mendiga savia dulce
del recio vástago.

Enamorado
que solo picas flores
lanzas el polen.

Clorofila eres
y sazonas mis partes
con tus migajas.

Anestesiando
la madura corola
entumecida.

Bella garúa
rocía mis caricias
de soledades.

Entre silencios
forma, color, raíces
sigo cautiva.

Zumba la abeja
poliniza mi ovario
atolondrado.

Anidan sueños
todos mis laberintos
de embriones muertos.

Senil y estéril
ovulo desflorados
rompecabezas.

MENCIÓN DE HONOR

Miguel Ángel Real
Francia

DISTANCIA

Desenraizarme.
Arrancar vuelos agrios
a los umbrales.

Iris de arena
para negarse oros
y olvidar cerros.

Sequedad, yermo
esfuerzo por marcarle
fuegos al aire.

Tiembla la infancia:
refugiar en la amnesia
dolor de ancestros.

Ayeres muertos
espejismo y frontera
lunas de cuero.

Navegar quieto
caminar en adioses
y en cicatrices.

Cartas en blanco
barajas sin destino
son mis palabras.

Irreverencia
que nada busca: callas
al alejarte.

Amaneceres
negados, eclipsando
tu ser si olvida.

MENCIÓN DE HONOR

Alcides Ramón Meléndez
EE.UU./Venezuela

<u>LEJANÍA Y FE</u>

Lejos se hace
el horizonte patrio
tan cerca en mí.

Estás tan cerca
cerro Ávila de mis
recuerdos bellos.

Jamás olvido
mis bravías llanuras de
épicas luchas.

Atardeceres
cielo larense sueño
verte otra vez.

Nevados, quiero
ver mis montes andinos
eternos, blancos.

Indómito mi
Orinoco, inmenso
te imagino.

Altivo, fugaz
Catatumbo y Zulia
¡qué añoranza!

Y volveré en
remembranzas a tornar
realidades.

Fugaz estrella
cruza el Amazonas
alumbrándote.

Eres bella, mi
Patria, ¡volveré y no
será en sueños!

MENCIÓN DE HONOR

Sandra Santana
Puerto Rico

RELICARIO

Recordándote
en un campo minado
vaga mi mente.

Eras prohibido
una negra sotana
me lo decía.

La misa, entonces
era mortificación
a mis sentidos.

Ideas locas
tus ojos parecían
llamas sagradas.

Contemplándote
las ganas me quemaban
cual incensario.

Altar profano
eran mis devociones
sin penitencia.

Rogaba con fe
por un amor que acaso
también sintieras.

Inasequible
tu cuerpo tan deseado
era anatema.

Obstinado amor
mi corazón tornaste
en relicario.

MENCIÓN DE HONOR

Yarimar Marrero Rodríguez
Puerto Rico

MAR DE PREGUNTAS

¿Mermó la guerra?
¿Tendremos paz de nuevo?
¿Habrá respuestas?

Analizaré
el tiempo del olvido
por sus recuerdos.

Rugiré alto
sabiendo que la vida
es acción siempre.

Dueños sin casa
acunados por bombas
un mar de llanto.

Estaré fuera
para hablar por los que
son marginados.

Pugna la gente
ante el reflejo de
un hoy inerte.

Razones tengo
para descontaminar
mi voz en vilo.

Estoy consciente
la vida es un por qué
interminable.

Gritos de lucha
muerte y soledades
desigualdades.

Unos sí pueden
por ser privilegiados
un lado miente.

No he podido
callar ante el dolor
es inhumano.

Tanta riqueza
¿a dónde va a parar?
Bocas con hambre.

Amnistía por
eso que no hicieron
indiferencia.

Sin cortapisas
ya no busco verdades
quiero justicia.

MENCIÓN DE HONOR

Silvia Gabriela Vázquez
Argentina

HOJA

Habrá mañana
una página en blanco
en tu cuaderno.

Oasis propio
en medio del desierto
renglones libres.

Jamás escribas
hasta no estar seguro
de la página.

A veces pasa
que no es papel la hoja
sino cuchillo.

SIGLEMAS 575
DESTACADOS

José Palomar Ros
España

TIEMPO

Totalitario
nadie se te escapa
saeta, péndulo.

Indicas siempre
camino hacia adelante
no hay vuelta atrás.

Elástico eres
pues a cada persona
tu ritmo adaptas.

Medida das
alternando premura
con la mesura.

Pasar nos haces
hojas del calendario
semanas y años.

Olvidadizo
quisiera que llevases
más lento el ritmo.

Daniel Orozco
México

MAR

Marcas la roca
atigrada espuma
rumiando la sal.

A través del sol
come tu piel verdosa:
baile de algas.

Ritual diario:
beber tu cuerpo entre
días sin nubes.

Cinthya Tarazona Palacios
Perú

SOY

Silencio azul
mar bravo y en calma
libre al alba.

Ostento verbos
insensatos y noches
de piel errante.

Yo, la duda en
tu alma, la sal que te
escuece la voz.

José María González
España

HIPÉRBOLE

Histrión volátil
de verso invertebrado
y receloso.

Insumiso a la
acomodada dicha
de la virtud.

¿Por qué camino
cien millas sin destino?
Siempre de vuelta.

Ególatra sin
pretensión de arrogancia
intrascendente.

Rehúyo el ojo
apesadumbrado por
el río sordo.

Bisiesto en cada
retirada flamenca
en la alborada.

Olas sin cresta
ciegan irremediable
mi abrazo austero.

Lágrima frágil
llanto lánguido, preso
desde el inicio.

Enmudezco, sí
por los sueños sin verbo
por lo que ayer vi.

Erleen Marshall Luigi
Puerto Rico

SUÉLTAME

Sacudes tiempo
entendimiento, calma.
Cáncer, márchate.

¿Usurpar este
cuerpo nutrido, ágil
fortificado?

Está mi hijo
me faltan años con él.
No me apures.

¡Luce casi un
hombre! Lo encauzaré
lo consolaré...

Tiemblo, batallo.
Nada me ha vencido.
Veré sus triunfos.

Alimentos me
niegas, piernas sin andar
y no desisto.

Maltrecha me ves.
Necesito más aire.
Deseo correr.

Escapen ojos
no encierren mi vida.
Muerte, suéltame.

SIGLEMAS 575
SELECCIONADOS

Fernando Barba Hermosillo
México

VACÍO

Vida intensa
sentires egoístas
subir cayendo.

Abismo negro
pasar ahí primero
requerimiento.

Con luz nocturna
el camino transitar
cauce evitar.

Inmensidad es...
surfear el límite
desconocido.

Obtengo todo
la nada es el premio
observándome.

Juan Fran Núñez Parreño
España

CIELO

Cerca a la vista
lejos para tocar
sobre nosotros.

Imaginar
vivir y amar en él
es poesía.

Edén de sueños
donde está lo que amamos:
nuestros deseos.

Lugar feliz
para acoger las almas
en su descanso.

Origen dios
del infinito todo
y de la vida.

Juan Fran Núñez Parreño
España

POETAS Y POEMAS

Personas tiernas
que acarician las almas
de sus lectores.

Observan vidas
las pintan en papel
con sus palabras.

Escriben todo
lo que su corazón
les va diciendo.

Tocan sus versos
los labios cuando leen
dándoles besos.

A un gran amor
iría el mundo oyendo
a los poetas.

Sangran la tinta
al abrirse las venas
con sus escritos.

Yermo está el mundo
si los poetas no escriben
sin los poemas.

Palabras vivas
llenas de sentimientos
y de ilusiones.

Ofrecen mundos
llenos de sensaciones
entre sus trazos.

Emocionado
vuelve todo el que viaja
entre sus letras.

Mar de emociones
y ríos de pasiones
entre sus versos.

Ante estas obras
el autor y el lector
cruzan sus almas.

Son los mensajes
del placer y el dolor
con su belleza.

Sandra del Carmen Umaña
Colombia

CAÑO CRISTALES, IRÉ

Colombia, Meta
es un hermoso río
¡Caño Cristales!

Ardientes tonos
sus aguas transparentes
puras, hermosas.

Ñubloso día
azul, verde y rojo
y amarillo.

¡Ojo! Su caudal
con sus cien kilómetros
no es muy ancho.

Con privilegio
afluente de ensueños
un paraíso.

Rígido canal
aguas mansas, tranquilas
es impactante.

Iris arco... ¡es!
Seguro se derritió
hermoso río.

Su macarania
especie endémica
rojo brillante.

Tan verde musgo
diferentes matices
la maravilla.

A sumergirse
respirar aire puro
mundo de sueños.

Lejos "Los Ochos"
remolinos de agua
un mismo lugar.

En este pozo
Coliseo Romano
¡agua de NINFA!

Son las piscinas
el cauce, fluye agua
sigue su curso.

Increíble es
el Edén en la Tierra
espléndido él.

Ricura fresca
cascada de los Cuarzos
es fantástico.

En Madre Tierra
fabuloso regalo
¡Caño Cristales!

Hugo Gómez Jaime
México

SOMBRA

Sensual suspiro
gélido en tu oído
como navaja.

Orquesta caos
ante toda materia
si ella baila.

Mueve los hilos
sobre el escenario
desde abajo.

Bufonería tal
que nada en la sopa
de aquel gran rey.

Recorre calles
sucias de miedo vivo
cabalga la luz.

A todas horas
la puedes tú perseguir
sin alcanzarla.

Gladys Susana Pioli
Uruguay

<u>ALAS</u>

Abiertas alas
aspiran en el cielo
inmensidades.

Libres al viento
en concierto trazan
quebrada recta.

Ángulo en busca
de paz, luna y ocaso
los patos pasan.

Su sincronía
oscura y solidaria
se posa y sueña.

Sheina Lee Leoni Handel

Uruguay

POETAS

Paseando sueños
poetas de la vida
con gran esmero.

O tal vez rimas
entre libros de cuentos
y dulces risas.

Entre poesía
fervorosos anhelos
siguen con prisa.

Tercos recuerdos
rozando las cornisas
besan al viento.

Ávidas rimas
y cálidos encuentros
al llegar el día.

Sagas de versos
vestidos de poesía
y frescos sueños.

Miguel Ángel Real
Francia

CARTAS

Cuencas de adioses
sin alquimia ni ángulos:
cumbre de ayeres.

Ascuas de nieblas
retejiendo recuerdos:
vía sin mapa.

Rugido a veces
soledad compartida
raudal de signos.

Traición de soles
añorados Bizancios
pasado y casa.

Adivinanza
estupor de un encuentro
freno y espera.

Sajando verbos
somos luchas de tiempo
en otras manos.

José Palomar Ros
España

SINCERIDAD

Sin cerraduras
que echen llave a la boca
sin tapabocas.

Iniciativa
pronta resolución
no te reprimas.

Nada se esconde
y siempre se responde
a una pregunta.

Cordialidad
corazón bien abierto
de amplios latidos.

Exteriorizo
mi más íntimo yo
en exposición.

Redefinirse
acercando a los otros
a tus confines.

Intuición
la puerta de contacto
con otro yo.

De/dos unidos
formaremos conjunto
entretejido.

Abrir ventanas
orear cuerpo y mente
darse a la gente.

Desencerrarse
desde adentro hacia afuera
ir derramándose.

Johnny Básnik
Colombia

AYUDA

Aron y Ema
son culpables de traición
y un cadáver.

Ya no se movió
allí tirado quedó
era él o yo.

Una mirada
penetrante alcanzó
vivo estaba.

Desde abajo
un arma disparó
el hombre cayó.

A ella mató
fueron dos cadáveres
y uno vivió.

Karelyn Buenaño
Venezuela

AURELIA

A toda luz
combaten las ausencias
y los cocuyos.

Ufanamente
le ofrecen al relámpago
sus espejeantes.

Rémoras; ay
de mí si te olvido
mi azul bengala.

En mi agonía
—que solo es viaje a ti—
amo tu escarcha.

La mañanita
me traerá tus recuerdos
de oliva nueva.

Ígnea, tienes
hado de magias claras
salmo del vientre.

Ave infinita:
tu mundo girasol
reciba el Canto.

Pedro Yajure Méjía
Venezuela

LA CASA VIEJA

La casa vieja
entre sus soledades
y sus ausencias.

Ahora grita
casa de agua y sin tierra
sin los abuelos.

Canción extraña
de huesos permanentes
manos de dioses.

A veces sueño
amando corazones
triste me quedo.

Sigues allí
llorando tus jardines
que marchitaron.

Abuelos míos
amantes tan eternos
ayer se fueron.

Vuelas recuerdo
con tus venas de espiga
y alas de fuego.

Ibas de prisa
con un suave temblor
de lluvia y sol.

Eterna casa
de amores infinitos
bosque de besos.

Jamás se irán
tus tardes de mil pájaros
voz infantil.

Ayer cantaba
entre sus soledades
la casa vieja.

Maite Ramos Ortiz
Puerto Rico

CÁNCER

Carcomes dentro
sin piedad ni consuelo
con furia insana.

Ángel de muerte
rondas mi cuerpo y ser
para llevarme.

Nunca avisaste.
Pides que te acompañe
a tu destino.

Creas desorden
caos en el interior
y malestar.

Encantas mal
células y organismos
hada inmortal.

Recibiré
tu embestida alienada
y perniciosa.

Enmanuel David Colmenares
Venezuela

TURPIAL

Tutelar de mí
salvaguardar mis alas
en el desastre.

Un diez de marzo
mi nido como canto
con el torrente.

Revelar vuelo
maravilla milagro
desde la jaula.

Por más que lloré
amarillo negruzco
versus condena.

Inescrutable
mi pico coniforme
primeras luces.

Ave de salmo
proteger los celajes
y grandes juncos.

Limpiad plumaje
la música florece
cuando despierto.

Federico de Jesús Jiménez
México

POESÍA

Puse mi rostro
en rimas silenciosas
de otros vientos.

Otra voz de mar
feroz clamor humeante
ahogó la luz.

Estación del ser:
la palabra en verso
es un pez manco.

Silencié tu voz
tu boca luminosa
ardió en sombras.

Ícono, grité
el metro ya nos muerde
muda estrofa.

Abrí la noche
para citar palabras
de tu silencio.

Inocencio Hernández
España

ETÉREO

Equilibrista
del sueño inefable
crisálida paz.

Ternura en do
suena en el sí besado
música impar.

Élite carnal
crisálida del ayer
¡alas al verbo!

Renaces en mí
en la noche más tuya
como un rayo.

Entonces soy yo
la pausa del más allá
que mece la sed.

Ora al alba
fúndete en palabras
iridiscentes.

Alcides Ramón Meléndez
EE.UU./Venezuela

BUCÓLICO

Busco el rincón
donde una mesita
espera por mí.

Un aposento
se convierte en fuente
inspiradora.

Cierro mis ojos
despierta la Musa y
me da qué pensar.

Olvido todo:
entornos, sinsabores
amenidades.

Luz, alúmbrame
al plasmar en letras mi
efluvio mental.

Inclemente la
nevada, me inspira;
mesa y rincón.

Concluyo feliz
silencio agradezco
aposento gris.

¡Oh! Escribir
inspirado, revive
en mí el alma.

Silvia Alicia Balbuena
Argentina

ALFORJAS

Ando caminos
alegre etérea
plena de tu sol.

Libre liviana...
Mis pesadas mochilas
mansas cayeron.

Fugaces iris
ardientes fuegos rojos
dominan mi luz.

Otoñal vida.
Cargo en mis alforjas
lluvias y soles.

Recorro cielos.
Abrigo tempestades.
Vuelo anhelos.

Júbilos tomo
dolores aniquilo
mi muerte mato.

Amor lejano:
vibrante ensoñación
magia sin mago.

Sueño y placer
pasado y futuro:
equidistancias...

Edwin Colón Pagán

Puerto Rico

CRUCIGRAMA

Clavas mis manos
ojos y voluntad
cuando me miras.

Ruego mis pies
también sean clavados
por nuestra culpa.

Uniendo letras
descubro en mi ser al
falso profeta.

Coronas cargan
tus mensajes cruzados
llenos de espinas.

INRI en la cruz
somos dos pecadores
excomulgados.

Glorificando
los besos verticales
horizontales.

Réquiem para el
bautizo de palabras
irremplazables.

Ante el pecado
el infiel verbo busca
firme el perdón.

Milagro pido:
editar el calvario
de nuestras almas.

Amanece en
forma de crucifijo
mi crucigrama.

Guillermo Echevarría Cabrera
Cuba

GUERRAS

Galopa sobre
la grupa, mientras siguen
creciendo llantos.

Uno, dos y tres
los quejidos del reloj
indagan vidas.

El horizonte
no extiende sus dominios
mutila sueños.

Rezan los santos
de América y desiertos
levantan voces.

Resisten almas
entre amaneceres de
pólvora y viento.

Angustiosos los
plomos y camposantos
tocando puertas.

Sobresaltados
minutos trasnochados
en sus creadores.

Jesús Aguilar
México

MUERTE

Mientras espera
se agota la vida
cada segundo.

Única ahí
esperando a que la
vida expire.

Efímera es
la vida y el acto
final inicia.

Recordar es lo
que queda para que su
derrota se dé.

Tratar entender
que existe debido
a su olvido.

El vivir o no
ella no se estresa
al final gana.

Ramón Torres
Cuba

AYER

Atenido al mar
podré tener esa luz
dormida en tu voz.

Y se hará un volver
de momentos antiguos
a un sitio común.

Estarás después
numeroso transitar
tierno en mi verdad.

Restos de un adiós.
Sed que irá envolviendo
un atardecer.

Jonhatan Ruiz Sandoval
México

CAOS

Corre tranquilo
en la desolación
llamada vida.

Anda sin miedo
tras la felicidad
paciente espera.

¡Oh, cerca está!
Le falta corazón
no mira atrás.

Se fue corriendo
él terminó huyendo
sin recular.

Celia Karina San Felipe

Estados Unidos

BIENVENIDA

Bienvenidas con
amor, paz. Y lo brindo...
in rainbow love.

Invaluable, por
el aún, todavía
qui Benvenuto .

En felicidad
*lady, to Indiana, in
the Dallas TEXAS.*

No vienes en tren
tu *LAUKIAME* en avión:
tributos a Ti.

Voluntaria le
ofrece *Benvindos* y
hospitalidad.

En hora del bien
mapas, flores y buena
Herzlich Willkommen!

Nuestra *Port Music
avec l'accueil de ces mes*
Gran Ciudadela.

Incomparable
Welkom cuando te haces
arribo, en Pte.

De todas lenguas
culturas; De países:
this is your Welcome.

Arrasando con
los equipajes llenos
de festivaLES...

Edwin Gaona Salinas
Ecuador

AMARGURA DE AMOR

Aquí la espuma
era tempestad mía
herida blanca.

Murmullo obscuro
irrumpiendo en las fibras
del pecho libre.

Ansia de lloro
sonrojado y nervioso
en el barranco.

Repudio y trueno
del capricho al desmayo
de tardes idas.

Guerra de linfa
perdida por la carne
de las intrigas.

Un puñal tuyo
mordiendo nuestra paz
desde tu mano.

Resentimiento
en la veta de carne
aún dormida.

Agotamiento
en la euforia del alma
para morir.

Destino muerto
de la esperanza vana
en los zapatos.

En el recodo
del río solitario
abandonado.

Augurio negro
con las espinas secas
en carne llevo.

Mar, de lejano
naufragio, para amor
que olvida el puerto.

Oh puerto mío
que sigues colocando
rabia al olvido.

Raros pesares
necio camino de ir
robado el sueño.

Edwin Gaona Salinas
Ecuador

EL NIÑO DE LA LUNA

Él, llegó niño
lo pusieron en telas
con hambres vivas.

Lo dibujaron
cómo se mira a Dios
llegar desnudo.

Nada traía
sus auras de lumbrera
eran de santo.

Intentó ver
la leche de los dioses
en mujer nuestra.

Niño que corre
por el azul celeste
no come leche.

Olió el regazo
de la inocente madre
y lo dejó.

De luna viene
ellos no toman leche
ellos se van.

Esa luz clara
de mejilla apagada
les pidió padre.

La madre reza
parteras cuelgan dioses
y santo queda.

Arrulla al niño
con tonada de río
y débil duerme.

Le busca abrigo
del corazón sin senda
y alma florece.

Un trino da
una oración de cielo
con esperanza.

Nada quedó
la cumbre del suspiro
le hizo partir.

Ahí está el luto
del niño de la luna
que nació pobre.

Daniel Orozco
México

CLAVEL

¿Cuándo nace el
perfumado atado
color tomate?

¿Llueve cuando no
se eleva tu tallo
que no espina?

¿Ansían amantes
tus pétalos en cama
ausente rosa?

¿Vendrá el viento
que arranque las hojas
te deje ciego?

Embiste tu faz
todo arreglo, mantel
ningún funeral.

Loado seas
cespitoso *enamel*
siempre brotando.

Sebastián Villa Medina
Colombia

DÍA

Dulce alivio
canta la golondrina
de hermosa voz.

Íntimo placer
que nace desde mi ser
en forma de luz.

Alzo mis manos
y respiro profundo
al nuevo día.

María Moreno
España

RÍO

Rumbo trazado
preso del movimiento
huésped continuo.

Imperceptible
el tiempo te condena
a ser distinto.

Otro exiliado
demorando el final
fluyendo eterno.

Orlando Pérez Manassero
Argentina

<u>UN SIGLEMA</u>

Urdir, desechar
incontables ideas
que vienen y van.

Nadie me asiste
en la pugna silente
muy dentro de mí.

Suerte de lucha
con palabras y frases
acometiendo.

Imaginación...
Sentimientos que llegan
¿de dónde? No sé.

Ganan lugares
irrumpiendo briosos
permaneciendo.

Los siento crecer
y escojo los versos
que merecen ser.

Encantamiento
deleite, presintiendo
cerca el final.

Meta esquiva
veleidosa, resiste
postrer intento.

Al fin se rinde
la última estrofa
...y llega la paz.

Mariela Cruz
Puerto Rico

LA VIDA ES UN SUSPIRO

Luz de mi alma
sol de mi esperanza
momento fugaz.

Así pasará
tiempo implacable
no se detendrá.

Vamos ciegos
perdidos en la vida
terco caminar.

Intentó llegar
buscando los atajos
no logró ganar.

Deseó correr
y detener el reloj
amar sin final.

Ardua vida
nos lleva, nos arrastra
camino cruel.

Eres mi gran paz
faro en lontananza
gran refugio.

Solo segundos
la vida es un soplo
tiempo rival.

Unges mi vida
somos almas gemelas
la sal de mi mar.

Navegaremos
hacia los cielos
en tu canción.

Saber amarnos
tan duro el camino
contratiempo.

Unión por fe.
Sabias las palabras
indisolubles.

Salvaje dolor
me dejó tu partida
fugaz la vida.

Podemos morir.
El amor es eterno
sabrá resistir.

Imaginemos
nuestra vida juntos
sin más barreras.

Retar el tic tac
atados por siempre
no ver el final.

Ostenta risas
es solo un suspiro
nos vemos, amor.

María José Viz Blanco
España

BLANCO

Besar tu fulgor
de blancura perenne
abrasa mi ser.

La gran tristeza
alma inmaculada
moja mi llanto.

Alzo mi copa
de blancos elíxires
y brindo por ti.

Nadie ha de ser
blanco y negro sin sol.
Azul abrazo.

Con alegría
miro tus blancos ojos.
Sonrío feliz.

Opaca vida
sin luz, sin alicientes
sin blanco cielo.

Ofelia Rodríguez Goldstein
Puerto Rico

SUERTE

Si olvidaste
regresar... digo adiós.
Recuerda amor.

Únicamente
reclamo te perdones.
La culpa sufre.

Escondo tristes
melancolías. Sufro
fiel memorias.

Recuerdo sueños
despiertos; cabalgando
nuestro futuro.

Tiempos bailando
alegrías en días
de fantasía.

Encuentra dicha
felicidad y amor.
Que te vaya bien.

Isabel A. Hermosillo
México

SEMILLA

Sonoro aliento
que muy pronto germina
la luz perdida.

Estepas sin ti
lloran canciones tristes
como llamado.

Maga de vida:
cuando las aguas llaman
la tierra aflora.

¿Interiorizas
el secreto que guardas?
Breve danzante...

Longeva, vuelves
y nos cuentas recetas
que saben a adiós.

Luto cual goce
nos escondes la muerte
en un instante.

Atrapa sueños:
tienes risa vibrante
y eres la vida.

Sandra Umaña
Colombia

NOTRE DAME

¿No quedó nada?
Sostenían el techo
eran en roble.

Obra perfecta
hecha por carpinteros
para los marcos.

Trozos... ¿madera?
Veintiún hectáreas
¿todas quemadas?

Repasaremos
árboles diferentes
en cada viga.

El mundo llora
NOTRE DAME, catedral
voraz incendio.

¿Damnificados?
Los árboles cortados
¡los trabajaron!

Abovedados
con intrincada obra
¡las estructuras!

Madera... fuego
combustible que arde
adiós al roble.

Existe dolor
lágrimas derramadas
¡llamas y humo!

María Mercedes Novillo
Argentina

GRIS

Gorgona triste
cuelga su rueca oscura
de un cielo opaco.

Rueca maldita
teje el gris de miseria
hambre y harapos.

Indigna suerte
la del hombre que llora
solo y cansado.

Serán sus brazos
los que rompan la rueca
en mil pedazos.

Adriana Villavicencio
México

ABORTO

Acostúmbrate
a seguir caminando
sin su corazón.

Bésalo en la
espesura de muerte
al rutilante.

Obedece la
entrega al llamado
dolor del alma.

Rézale mientras
nuevo ángel, frío, pequeño
sueños de trauma.

Toman mis manos
su cuerpo en apnea
quien lo lamenta.

Oremos todos
a quien no puede seguir
en este mundo.

Maryfel Alvarado Méndez
Venezuela

FELICIDAD

Fe existe en
las miradas que tenues
exaltan cielos.

Elijo serme
ante el espejo mirar
lo que yo creo.

Los algoritmos
sirven para desdecir
cada acuarela.

Invadir penas
que sumerjan de fiestas
el alegre sol.

Canto dichoso
puebla imaginarios
tristes al pasar.

Invento el día
amoroso de magia
ante la sombra.

Dame plegarias
para saber danzarle
a la nostalgia.

Ante el acorde
la felicidad bebe
de todo viaje.

Dame sonrisas
para mirar lo triste
y aún suspirar.

Santiago Ernesto Müller
Argentina

HIJO

Hoja de un sueño
duende de las estrellas
mi luz de luna.

Ilusión, sí
capullo de esperanza
hecho de estrellas.

Jazmín del alma
cimiente de mi sangre.
Mi paz lograda.

Obra anhelada
ensueño de una madre
savia de vida.

Laura De Alba Ramírez
México

<u>AMOR</u>

Adaptándonos
crecimos juntos, así
nos unimos más.

Morada tuya
de mí, tu madre, el vientre;
padre, corazón.

Oídos listos
ojitos muy atentos
tu vida nueva.

Risas y besos
ahora tienen lugar.
Abrazos dulces.

Carlos de la Cruz Suárez
México

ROCA

Rajarse, nunca
dijo la roca fría
con valentía.

Oronda de su
asperosa apariencia
y dura fe.

Como es su fin
estar en el camino
rueda que rueda.

Adivina que
tropezará con alguien
que la usará.

Néstor Quadri

Argentina

LA NOCHE

Llega la noche
y la luz del ocaso
alumbra un beso.

Al asomarse
en el parque la luna
la pasión nace.

Noche y amores
se encuentran con la luna
en cita eterna.

Ocultan sombras
bajo un claro de luna
amor furtivo.

Cuando la luna
en el cielo fenece
el amor llora.

Huye la noche
y cantan en el alba
aves del parque.

Emerge el día
y quedan de la noche
solo recuerdos.

Juan Carlos Caraballo
Puerto Rico

HE MUERTO POR AMOR

Hacia donde iré
marchito por sollozos
carezco su olor.

Estancia sucia
ya tan desordenada
en mi corazón.

Mírame, ¿puedes?
¿Es que no tengo color?
Cual triste canción.

Un simple bardo
que cantaba las notas
de su desamor.

Es mi camino
de espinas y piedras
un viejo dolor.

Rastrero loco
que creyó que podía
abarcar el sol.

Transeúnte vil
caminando por sueños
desesperación.

Osadía fue
enamorarse y ella
no correspondió.

Por ahora sé
el sendero es largo
el cénit pasó.

Obsesionado
sin gloria ni redención
sin liberación.

Roen mi cuerpo
todas las ilusiones
en el interior.

Amando intenso
aunque veas sonrisas
fingiendo que no.

Morir ya quiero
tal vez físicamente
el alma perdió.

Oyendo bajo
por todo el infierno
su lamentación.

Reinaré solo
hasta que vuelva la luz
un nuevo amor.

Claudio Sanseverino
Argentina

LUNA DIURNA

Labio del cielo
escarapela blanca
del firmamento.

Única y sola
acólito temprano
de un mundo raro.

Niños curiosos
algunos desayunan
con su sonrisa.

Ahora sabe
que la noche y el día
se complementan.

Desmejorada
su palidez se alínea
con la mañana.

Independiente
del cielo y las estrellas
se ve cansada.

Una mirada
casual, de un desatento
ya la descubre...

Rodando el cielo
la luna de mañana
equivocada.

Nocturno canto
por la canción del día
pasa callada.

A lo mejor
la luz del sol prescinda
de la tristeza.

Porfirio Flores Vázquez
México

ABUELA

Adversidad has
convertido en oro
con tu trabajo.

Bullicio en tus
manos, con un metate
hacer tortillas.

Únicas eran
calientitas, sacadas
del comal, cual sol.

En aquel día
de las hambres y miedos
del negro ayer.

Las tempestades
se fueron y ahora
te extraño, sí...

Abuela, porque
te fuiste no sé dónde
aroma eres.

Porfirio Flores Vázquez
México

MIGRANTE

Mira allá el
horizonte lejos te
espera, vamos.

Inmenso es el
mar, la tierra, el tiempo
y la cultura.

Gime, avanza
el esfuerzo perdura
no te detengas.

Risa o llanto
son cara de la misma
moneda, ¡valor!

Ah, camina ya
después será muy tarde
lo lamentarás.

No voltees el
rostro, estatua de sal
tampoco llores.

Te espera un
porvenir, un deber que
llama a cumplir.

Entre aquellos
xenófobos, que tuercen
pobreza en mal.

María Berenice González

México

COMETA

Cabello de
una estrella que viaja
en soledad.

Origen místico
en la profundidad
del universo.

Materia que
parece eternidad
fantasmagórica.

Espectro cósmico
con danza ondulatoria
que brilla calmo.

Tropiezo frío
en los brazos solares
que pintan nubes.

Ayer fue piedra
hoy polvo astral que muere
en lejanía.

Domingo Hernández Varona

Estados Unidos

EL CAFÉ

Emperador que
ordena con su olor
en el olfato.

¡Leoncio, café...!
dice Pilar contenta
en la cocina.

Cantan sonoras
sus pantuflas, ya viene
con las dos tazas.

Armando vuelos
de querubines negros
por el pasillo.

Felizmente en
sus manos ya cabalgan
hasta la sala.

Encienden brisas
se mece su cadencia
en los sillones.

José Sahui Maldonado
México

<u>SOLEDAD</u>

Sé que ya no estás
me lo dice la noche
y tu recuerdo.

Otro día más
que golpea la ansiedad
y su reflejo.

Largo es el andar
este camino sin ti
este deseo...

En que despierto
como fuera de lugar
y de elemento.

¿Dónde encontraré
la mitad de mi vida
y de mi anhelo?

Ansias de volar
olvidar que tan solo
hay desconsuelo.

Di que volverás
a pesar de que yo sé
que estás mintiendo.

María Pedraza
Estados Unidos

BORIQUA

Bendita seré
por nacer borinqueña
por nacer de ti.

Olvidarte, no
podré isla mía con
bello encanto.

Rincón celestial
princesa del Caribe
tu retoño soy.

Isla amada
terruño escogido
por Dios divino.

Que satisfacción
poder decir boriqua
con orgullo soy.

Única eres
tu coquí te adora
cantarte quiere.

Alguien dijo la
"Isla del mar y el sol"
¡mi Borinquen es!

María Fernanda Valdez
Argentina

COSTUMBRE

Curvas los labios
en una mueca triste
casi perfecta.

Observo el humo
que emerge del café
nublar tus ojos.

Siento la grieta
abierta entre nosotros
aunque invisible.

Tal vez estemos
parados en el punto
del sin retorno.

Únicamente
hablamos en silencio.
Todo está dicho.

Mientras, la vida
sucede alrededor
y nos traspasa.

Busco esa luz
que tu mirada gris
ya no me ofrece.

Restos de amor
como migas de un pan
ya seco y duro.

Es el dolor
del tiempo que se escapa
sin más remedio.

Raúl Oscar D'Alessandro
Argentina

SERENDIPIA

Sol de antaño
que amanece puntual
sobre mi alma.

Estampa vital
que regresa intacta
a mi memoria.

Regalo de luz
llegando desde el ayer
hasta mi sombra.

Es gran sorpresa
recibir un recuerdo
de días lejanos.

No he logrado
tener lo prohibido
sufro por ello.

Dame al menos
la gracia de evocar
tu bello nombre.

Ilusión vana
que no remedia el mal
de tu ausencia.

Pasaje final
al último destino
de aquel adiós.

Íntima pena
que revive en llanto
el viejo amor.

Anhelo sutil
para comprender por qué
mi serendipia.

Pedro Biedma Pineda

España

ABUELO

Amor, ternura
despojan su mirada
calla el dolor.

Buenos recuerdos
que logran resurgir
desde el olvido.

Ulula el eco
en un rincón, muy lejos
de la nostalgia.

Electa lluvia
lágrimas derramadas
desde tu cielo.

Lento el ocaso
raudo el esclarecer
blanco con negro.

Ola de anciano
senil adolescente
mi abuelo eterno.

Paola González Mantilla
Colombia

DESDICHA

Dijo quererme
pero no le importó
al final se fue.

Era mi vida
de quien amaba todo
por quien luchaba.

Supo quererme
—aunque fuera tan poco—
y lo perpetué.

Dicha de un día
que quise de un modo
tal que fuese más.

Inocente yo
que creí cada palabra
con la que mintió.

Cada paso hoy
me trae la macabra
imagen que dio.

Hora de partir
ya no debo quedarme
si él me dejó.

Así voy sola
me cuesta olvidarte
¡desdichada yo!

Oscar Abdiel Romero
Colombia

RITUAL

Rememórame
píntame en tus pupilas
de ilusionista.

Inclina tu luz
con tu rima, miénteme...
hielo, tan muerto.

Trémulo, ciego
en tu mundo asfíxiame
entre tus dedos.

Unge mi pecho
despliega mi destino
sobre tus labios.

Abre mi arteria
con luz de ti, desnuda
irreflexiva.

Libre, tan preso
con grilletes del sexo
y del orgasmo.

Alina Canosa Delgado
Cuba/España

MARSUPIALES

Madre amanece.
Hay ruidos de luz azul.
Se gesta el vientre.

Accede a tocar
el nuevo "status". ¡Sí!
Tambores crecen.

Rumba de pastel.
¿Anclar entre los vinos
las ganas todas?

Sabe Madre que
tejer el vientre llueve
tiempo al corazón.

Úntase el Logos
de un olivo al viejo Son
para aceitarse.

Pícara baila.
Todo su lujo calla
la paz del ruido.

¡Inocente! Va
mostrando que le crecen
los vientos del mar.

Ama silbar el
adagio de los Elfos.
Y le aplauden bien.

La hembra sube
al peldaño. ¡Creación!
Bosteza el Azar.

El hijo astuto
acomoda los versos.
Escucha la Voz.

Se conecta así
con otros marsupiales.
Van todos en red.

María Del Pilar Reyes
Puerto Rico/EE.UU.

SUEÑO

Sueño algún día
conquistar tus espacios
rozarte el alma.

Ungirte con miel
endulzando tu boca
dormirme en tu piel.

En un abrazo
fundiéndome contigo
ser tu regazo.

Ñoño tu cuerpo
se tornará gracioso
tierno, amoroso.

Ostento el placer
de soñarte despierta
en mi amanecer.

Graciela del Carmen Olivera
Uruguay

PADRE

Para tenerte
te evoco en el recuerdo
y te atesoro.

A veces sufro.
Tu rostro se me esconde
y no lo encuentro.

Duele no tenerte
conservo tu retrato
cual sol de invierno.

Rezo en las noches
para que a la mañana
vuelva tu rostro.

Espero y siento
que un día he de encontrarte
no importa cuándo.

Frida Rodas
Perú

ESTERNOCLEIDOMASTOIDEO

Es así la nuez
cual sencillo cúmulo
de gotas preso.

Sostenido va
el pensamiento vivo
y aún cautivo.

¿Tener hambre y fe?
Solía ser el cuento
más remilgado.

En tiempos idos
él había perdido
la esperanza.

Rocas y piedras
habrían de interceptar
su arduo andar.

No es el tiempo
de renunciar hoy día
se repetía.

Océanos mil
atravesar podría
en su letargo.

Con sed a cuestas
vano es el esfuerzo
aún pensaba.

Ligero sueño
lleno de cruel espanto
nada ajeno.

¡Entérate ya!
Que al querer podrías
esto revertir.

Impía puede
parecer esta idea
cruel rey abate.

Diminuto sol
que apenas alumbra
ilumínalo.

Olas arrasan
tierras inexpugnables
de cal y ocre.

Mas al aclarar
que es cuando despunta
el firmamento.

Allá más lejos
vida empezar quiere
donde el sol nace.

Siete imperios
sus ansias de dominar
han doblegado.

Titán que lucha
contra cualquier molino
de luz o viento.

Oda al león
que se sacude polvo
de los escombros.

Importa salir
más que quedarse hundido
en mar adentro.

Dos, tres y cuatro
razones harto sobran
para renacer.

Erguir cabeza
rotar y flexionarla
jamás doblegar.

Orar no cuesta
bregar es el dilema.
¡Oh Dios, dale fe!

Rosaura Tamayo Ochoa
México

MUERTE

Muere la gente
desde su nacimiento
llega y se marcha.

Un grito avisa
esperada llegada
a un mundo nuevo.

Entre los llantos
pequeño ser se asoma
conteo inicia.

Recordar solo
vivir la felicidad
da bienestar.

Tiempo es efímero
ignoramos el cuándo
llega el final.

Enseñar siempre
La vida solo hay una
hay que vivirla.

Victoria Gómez
México

SOY

Siempre sola
llena de sentimientos
llorando por ahí.

Oscura alma
que merma al recordar
su ruin pasado.

Yendo directo
hacia la perdición
de su corazón.

Fabricio Rodríguez
Uruguay

SOMBRAS

Secretas, tercas
invaden increpando
las hoscas noches.

Oprimen, serias
desterrando horizontes
secando brillos .

Mágicas crecen
cual torres gigantescas
colmando blancos.

Balanceándose
con formas increíbles
atormentando.

Raudas, complejas
escapándose súbitas
cuando te giras.

Ansiando lunas
gobernando las noches
muriendo en días.

Sobornándome
con su extraña belleza
hasta dejarme.

Violeta Briones Gutiérrez
México

SUEÑOS

Secretos dados
al inconsciente ocluido
¿lo liberamos?

Un momento hoy
escapando de la
sosa rutina.

Esperanzada
a un grandioso mañana
y ahí brotamos.

Ñoños e ilusos
algunos de mis sueños
tienden a ser.

Omito aquellos
que sin sentido crean
rotos delirios.

Sollozos tristes
de algunas pesadillas
que pondré a arder.

César Talledo Saavedra
Perú

DELIRIO

Dulce tu boca
golosa y febril besa
el carmín rosa.

El goce gentil
de lasciva ansiedad
el cuerpo siembra.

Lujuria sensual
el deseo solo placer
en calma el alma.

Intuir la razón
de querer tu locura
dormitar en paz.

Regios tus senos
túrgidos y sabrosos
lunas de pasión.

Ingenuo pensar
en horadar tu dolor
siento tenerte.

Odio al dejar
tu piel, dulce reposo
sueño tu nombre.

Silvia Gabriela Vázquez

Argentina

HOY

Hacía frío
cuando ayer era todo
lo que tenía.

Otras tormentas
tejían el mañana
hebras de miedo.

Y fue presente
el futuro temido
me halló despierta.

Mauricio Jarufe Caballero
Perú

INSTANTÁNEA

Ir a imagen
que pueda resistirle
a la nostalgia.

Nombremos esto
que tal vez podría ser
un para siempre.

Sentir aquello
que por un segundo es
parte del alma.

Tendremos algo
que a la larga, quizás
sí nos resista.

Aceptar tal vez
lo monocromo y el
muy bajo tamiz.

No puedo verte
cuerpo de medianoche
tacto dolido.

Tocar esa piel
que se va deshaciendo
y se agrieta.

A veces quiero
colmarte de visiones
y de retazos.

Notar el calor
y aquella desnudez
hoy capturada.

Estoy contigo
y la imagen tal vez
sí nos resguarde.

Amar aquel *flash*
esa luz de repente
instantánea.

Diana Lee Díaz Guzmán
Puerto Rico

PERÍODO

Pruebas mi sentir
en cada mes y vivir
rojo todo es.

Empeoras las
decisiones sin saber
que lloro sin ver.

Rojo todo es
pero sin ti mi vida
preocupada es.

Imaginarte
es un tormento en vez
de alegría.

Odio el dolor
la lloradera y la
falta de control.

Día a día
miro la agenda y
lloro sin final.

Ocupas al ver
verano pasar porque
rojo todo es.

María Antonieta Elvira-Valdés
España/Venezuela

PUENTES

Pujantes alas
suspendidas sobre un
hondo vacío.

Unión y signo
medida de encuentros
que son posibles.

Espacios donde
germina el perdón de
odios remotos.

Nacen con nobles
fines; también se caen
o los derriban.

Tenaces, recios
acercan pasos, almas
y propósitos.

Esperanzas que
se tejen y florecen
a cada lado.

Si te atreves
construye, tiende, abre
tu propio puente.

María Antonieta Elvira-Valdés
España/Venezuela

OJALÁ

Ojalá que los
malos se vayan... ¡Viva
mi pueblo libre!

Juraron muerte
y lo cumplen, con saña
sin escrúpulos.

Ahogan con gas
y sangre: ilusiones
risas, plegarias.

La justicia ha
de llegar, implacable
cruel, urgente.

Adonde vayan
no tengan paz, ni en el
alma silencio.

Orlando Fernández
Estados Unidos

LUZ

Luces fiel al sol
en hábitat celestial
descrita en pasión.

Ultra espíritu
raya el espacio limpio
que deslumbra paz.

Zona que aloja
al viajero idealista
en el sueño real.

Rosario Díaz Ramírez
Perú

SOY

Sol de amistad
ofrenda de paz y amor
y luz de luna.

Orla de azul
canto de las mañanas
ruiseñor, canta.

Y respira paz
las montañas tu nombre
Rosario en mar.

Migdalia Pena Rivera
Puerto Rico

TRIUNFAL

Tristezas que ¡NO!
A todos amor nos dio
vivencias en flor.

Riquezas de fe
valores nos inculcó
todo superó.

Inmenso placer
sus hijos ver crecer
triunfar y no caer.

Unido el amor
con sus enseñanzas ve
sus sueños lograr.

Nítido jardín
plantó desde el dolor
mas no claudicó.

Fuerte y tenaz
enfocada y audaz
dejada jamás.

Azul su cielo
nubes obscuras jamás
playas, bosque, sol.

Lúcida su faz
transparente su mirar
su vida fugaz.

Héctor Vargas González

Estados Unidos

CANTO

Cada mañana
doy gracias a la vida
por lo que me da.

A los regalos
diarios que me ofrece
con gran dulzura.

No me olvida
y me deja ver el sol
alegrándome.

Tanta bendición
plena de felicidad
colma mi alma.

Otra vez le doy
un reconocimiento
con mi devoción.

Luccia Reverón
Puerto Rico

AROMA

Arropas, madre
mi cuerpo tierno, limpio
tranquilo duermo.

Rompes cadenas
malolientes, mohosas
¡ya somos libres!

Oras al cielo
se derrama perfume
que nos envuelve.

Miras mi rostro
sonríes, te acercas suave
hueles mi piel.

Abrazas sueños
que despiden aromas
de buen futuro.

Mikaela Mart
Puerto Rico

PIEL

Pasar mis yemas
y luego buscar tu miel
a lengüetazos.

Ir tras tus aguas
sumergirme y nadarte
remarte toda.

Estremecerte
con la boca, la vida
oírte gemir.

Loca y perdida
—con esta puta lengua—
derramarte en mí.

Adina Cassal
Estados Unidos

SOL Y SOMBRA

Siento el calor
de la naciente aurora
como un cariño.

Otorgas vida.
Dorada es la alegría
de tu nacer.

Luz ancestral
que se renueva en cada
generación.

Y pasan días
tiempos vienen y van.
Llega la tarde.

Sol ¿ya no escuchas?
La respuesta es silencio.
Sólo hay vacío.

Ocultos quedan
los días de verano
las alegrías.

Marca el reloj
los sueños que se pierden
en la penumbra.

Bajo el umbral
de la profunda noche
espera un hombre.

Recuerdo aquellos
antiguos campanarios
que ayer cantaban.

Al otro lado
de tanta oscuridad
nace la luz.

Ana Delgado Ramos
Puerto Rico

PRIMAVERA

Por la mañana
el sol brillante llega
la flor renace.

Rojos y verdes
colores que matizan
pintando al sol.

Intenso olor
la primavera llega
las aves vuelan.

Mi mar se pinta
todo azul celeste
llega mi amor.

Amor tan nuevo
ilusión que embriaga
ya no hay dolor.

Vida tan plena
sueños de amor flotan
en mi corazón.

En mis jardines
se mece el girasol
¡es primavera!

Rico el jardín
fluyendo los aromas
jazmines en flor.

Aves anidan
crecen los flamboyanes
canta el coquí.

Rubén Darío Portilla
Colombia

LUNA

Luna, lunita
lamparita del cielo
¡cara bonita!

Ungida de luz
como un centinela
ronda la tierra.

Nítida luna
¡enjambres de luceros
te rinden loor!

Aerolitos
danzando junto a ti
¡Luna, lunita!

Rubén Darío Portilla
Colombia

SOLA

Sin mi compañía
por sendas de la vida
silenciosa va.

¡Oh! Solitaria
mendigando alegrías
donde no hay paz.

Lúgubres sus días
y lóbregas sus noches
en la soledad.

A solas gime
en soliloquios dice:
sola... moriré.

Antonio Manzano
Venezuela

TIERRA DE GRACIA

Tierra a la vista
era el mágico encuentro
hora suprema.

Indescriptible
cambio de mar por tierra
el Nuevo Mundo.

Ejemplo vital
paraíso terrenal
pureza plena.

Ríos y llanos
selvas, playas, montañas
naturaleza.

Raíces firmes
fertilidad perfecta
flores y frutos.

Aborígenes
los ancestros míticos
originarios.

Dios supo darnos
bellezas sin límites
islas del tiempo.

Enamorados
de fuentes tropicales
altas cascadas.

Gracias mi Señor
primaveral escena
encantadora.

Regocijante
amo y lloro, sí
canto y sueño, sí.

Al crepúsculo
con golpe tocuyano
gaita zuliana.

Caribe al norte
Amazonas por el sur
llanuras mecen.

Imagíname
fragancias y sabores
espléndida soy.

América hoy
ayer desconocida
verde futuro.

Brenda de Jesús Castro
Perú

MAR

Memoria viva
olas que traen vida
el atardecer.

Azul belleza
encanto natural es
arena fina.

Revoloteas
corriente, marea
disfrute total.

Emilio Gómez Castro
España

HUMILDAD

Humano valor
gran preciado tesoro
para el alma eres.

Única virtud
compartida de pocos
modestia amable.

Mano amiga, ama
vestida de sencillez
corazón grande.

Ideal puro
tus éxitos y logros
nunca importantes.

Labran el amor
franco, sin ataduras
sin pie arrogante.

Desapegada
su servicio al amigo
sabiduría.

Abastecida
soberbia deshojada
honra brillante.

Dueña de vida
de valiente destino
camino afable.

Richard Rivera-Cardona
Puerto Rico

OLISCAR

Ombligo, dedos...
Voy cual perro sabueso
sobre tus poros.

Labios, axilas...
Atrapo tus esencias
soy jaula/nariz.

Ingle, tetillas...
Ausculto tus veredas
de perfume y piel.

¡Sí, cuánta vida
—aromas de tu carne—
gozo percibir!

¡Cómo quisiera
a respiros, grabarte!
Tatuaje de aire.

Abdomen, nalgas...
Hallo sudor/delicia
en salideros.

Rodillas, boca...
Amo tu geografía
de hombre-fragancia.

Ana María Guerrero
México

ESPEJO

En la imagen
invertida y virtual
hoy palideces.

Simple, pulida
trasciende la realidad
bajo reflejos.

Persiste tu faz
irreal, presencia turbia
miedo sublime.

Egos se rompen
como cristales brotan
se clavan, hieren.

Juego a verme
delirio de imagen
otra está ahí.

Ojos le miran
penetran el espejo
no la conozco.

Mosheh Fruchter Kogan
Puerto Rico

UNIVERSO

Un bello cielo
nos alumbra la vida
con sus estrellas.

Nacen los soles
iluminando nubes
y las dibujan.

Impresionados
mirando las estrellas
nos encantamos.

Ver las galaxias
nos lleva a un mundo
maravilloso.

Entre los soles
girando con planetas
y dando vueltas.

Rápidamente
las perdemos de vista
pero regresan.

Siguiendo al sol
vemos el firmamento
lleno de luces.

Oportunidad
de levantar el vuelo
se nos presenta.

Yasmarie Hernández González
Puerto Rico

MÍA

Mía, dueña de
mi destino/intimidad
al mando siempre.

Ídola de mi
cuerpo y mis pensamientos
independiente.

Apoderada
como Julia de Burgos
de mis caminos.

Iván Parro Fernández
España

FUTURO

Fotografías
que son educadoras
por contenidos.

Un hombre bebe
elixir de la vida
para olvidar.

Tiempo que fluye
y espera su momento
para ser libre.

Un niño llora
esperando comida:
el hambre mata.

Risas y llantos
se escuchan en las casas
con impotencia.

Ojalá cambie
el futuro a mejor
y para todos.

Francisco J. Jariego
España

ARMADURA

Amé del todo
y se me agotó el amor
estoy vacío.

Robé tu alma
la encerré en mi deseo
y se marchitó.

Marché hacia el frente
como marcha un soldado.
Yo no lo era.

Aprendí a luchar
me ensucié en una guerra.
Fui derrotado.

Durante años
quise olvidar y olvidé
por qué luchaba.

Una sombra gris
se acurrucó a mi lado
y no la aparté.

Río sin saber
por qué río y no lloro
cuando me veo...

Armado en lugar
de desnudarme y gritar:
¡Quiero más amor!

Mercedes Bagó Pérez

Puerto Rico

PERDONAR

Pacto mayor
el don espiritual
¡ser interior!

El acto sano
de un alma grande y buena
del ser humano.

Rareza de unos
virtudes y noblezas
de solo algunos.

Difícil lograr
dirigir el falso ego
¡acto de amar!

¡Oh! Es extraño
olvidar tus errores
sanar el daño.

No ver lo malo.
Pensar en lo mejor
si te señalo.

Aquí el valor
de esa alma crecida
¡sentir amor!

Riqueza, es ser
gozarse la gran dicha
siempre aprender.

María del Carmen Sierra Burgos
Puerto Rico

MIGRAÑA

Mal me ha ido
desde que te conozco
molesta eres.

Intensamente
destrozas mis neuronas
no puedo pensar.

Gran dolor tengo
lo acaparas todo
a paso lento.

Rasgas mi mente
sin permiso alguno
¡No regreses más!

Aturdimiento
remedios inútiles
dolor infame.

Ñiquiñaque es
tu tiempo a mi lado
quiero olvidar.

Atesorando
el segundo eterno
en que ya te vas.

Sandra Santana
Puerto Rico

ESCONDITE

En otro tiempo
jugábamos, de niños
al escondite.

Sagrada infancia
yo corría a esconderme
él me encontraba.

Cándidamente
en alas de aquel juego
nos descubrimos.

Orden trocado
su corazón fue mío
y el mío suyo.

Nacieron luces
la vida iluminada
nos sonreía.

De vez en cuando
aires turbios traían
rumor de guerra.

Infame sino
cuando él tuvo que partir
no hubo resguardo.

Tras unos meses
en su lugar trajeron
una bandera.

El tiempo pasa
y aún sueño que jugamos
al escondite.

Eduardo González Lugo
Estados Unidos

TUS BESOS

Tierra y cielo
se entretejen en un
molde de pasión.

Únicos, así
como la plácida voz
de las sirenas.

Siembran el grano
del placer al encender
mi pobre alma.

Bebedero de
lujuria son tus labios
me apetecen.

Erizan mi piel
con su divino tacto
de luz querubín.

Sazón de caña
que azucara mi ser
con mil hechizos.

Orgásmicos son
al perfumar mi piel con
dulce jarabe.

Seductores y
brujos por usurpar mi
necio corazón.

Miguel Cantú Morales
México

LA POESÍA

La poesía
es pan que en las mañanas
nos nutre el alma.

Abrasa al ser
con fuego del amor
que mucho aviva.

Penetra al mar
de pasión de los seres
que así se entregan.

Olvidar hace
del corazón las penas
que lo estrangulan.

Es gran alivio
para ungir las heridas
espirituales.

Sin poesía
no habrá definición
para la vida...

Inspiremos al
mundo con nuestra lira
que tiene magia.

Así tendremos
la eternidad plasmada
en bellos versos.

Gianluca Autiero
Argentina

MASCOTA

Mañana triste
su presencia transforma
en energía.

Abanico de
emociones transmite
su movimiento.

Solo a veces
cuando duerme tranquilo
sin ruido, miro.

Con fuerza mueve
su juguetona cola
apenas llego.

Ojalá viva
una gran eternidad
eso anhelo.

Tal vez su vida
sea una enseñanza
para mi vida.

A veces pienso
si en serio merezco
amor tan puro.

Mary Ely Marrero-Pérez
Puerto Rico

JUEGAN ASÍ

Juegan mis pies
entre tus manos, símiles
tal cual el viento.

Usurpan duelos
en bocas de metáforas
tormentas húmedas.

Entierran fieras
pisadas animales
en versos tibios.

Gimen la ley
del acento final
y danzan célebres.

Anticanónicos
caminan a tu abrazo...
susurran... callan...

No hay ya más sílabas
que a mis pies, musas puras
resistir puedan.

Así, mis pies
juegan a ser el numen
de mi poeta.

Sin pretensiones
más allá de un poema
lee mis pies.

Íntimo, besa
mis (tan suyos) pies cálidos
para versarlos.

Mary Ely Marrero-Pérez
Puerto Rico

CHARCOS SECOS

Como sentencia
es el llanto empozado
que no se escapa.

Hiendes los músculos
sangrantes, compañera
vieja congoja.

Arde la sal
acumulada en pena
en nuestra almohada.

Reímos necios
disfrazando el dolor
que nos latiga.

Cantamos odas
pero hay epitafios fúnebres
en la garganta.

Oramos fieles
a inexistencias crueles
que ya no abrigan.

Sobre los charcos
secos, batalla nuestra
presa tristeza.

¿Sentimos paz
cohibiendo la nostalgia
que late, que arde?

¿Existiremos
ahogando el alma en lágrimas
añejas, viles?

¿Caducan esos
lloros que alimentamos
con desaliento?

¿O nos persiguen
hasta secarnos nuestras
cansadas ánimas?

Sobre los charcos
secos, no se hace en lágrimas
la melancolía.

Araceli Blanco Rubio
México

PERÚ

Puertas abiertas
a propios y extraños
con tus grandezas.

En tus montañas
majestuosas, serenas
fabricas sueños.

Recuerdos vivos
prendada de belleza
en Machu Picchu.

Uva quebranta
y en el Valle de Ica
nace el pisco.

Belén Hernández Grande
España

DESAMOR

Dos amantes son
el Amor y el Odio
dos infelices.

El Amor y el
Odio no quieren
vivir juntos, no.

Sus almas hierven
sin vivir, haciendo
arte el malvivir.

Amor, compró un
libro sin dinero y
sin firma tal vez.

Miedoso, el
Odio lo creyó un
papel vacío.

Obedece el
Odio a la duda y
abre el libro.

Rimas halla sin
tinta escritas por la
pluma del Amor.

Obdulia Báez Félix
Puerto Rico

MUJER, POETA DEL RÍO

Maravillosa
en tus musas de ninfa
loas de amor.

Unges palabras
en linfas de ternura
eternas, de Dios.

Juegas, rizando
tus cabellos al viento
te pintas al sol.

Emprendes, fuerte
las gestas nacionales
y libertarias.

Resurges, fluyes
en las aguas diáfanas
vestidas de tul.

Perenne numen
ondeaste versos en
estelas de mar.

Ondina musa
efigie auténtica
diosa del agua.

Emprendes vuelo
oteando verdades
dictatoriales.

Temple de mujer
liderando múltiples
destinos de Sol.

Arreboles en
tus liras de rocío
fuerza y vigor.

Divergencias en
las patrias ancestrales
viacrucis, dolor.

Eterno verbo
resurge como fénix
de roja sangre.

Liberaste en
gritos de rebeldía
al subyugado.

Renaces libre
recorriendo senderos
eternizados.

Incólume te
despliegas en corrientes
de modernidad.

Omnipresente
en cristalinas aguas
tu potente voz.

Jhon Pier Boñón Mercado
Perú

GESTO

Gran silencio es
la expresión girasol
desde tu vuelo.

En tu ausencia
te recuerda la rosa
y es poema.

Sé que resuena
tu voz desde los ojos
en cada paso.

Tienes agujas
que en la mano azul
siempre se tocan.

Oculto amor
que en el alma nace
siempre los versos.

Elba Gotay Morales
Puerto Rico

NIDO VACÍO

Noches sin luna
nidos abandonados...
Silencio total.

Imaginando
vuelven a nuestro hogar
en la tristeza.

Debilidad y
razón de ser fuerte son
mas hoy no están.

Oprimida voy
con la tristeza ahí
entre vacíos.

Vivir sin vida
con la salud a cuestas.
A la deriva.

Alzaron vuelo
muy temprano para mí.
¡Cuánta soledad!

¿Cómo comenzar?
A pasos errados voy.
Abismo total.

Incertidumbre.
Afrontar esto no sé...
Amargos días.

Opto por dormir
para no sentir cómo
pesas... Soledad.

Agustina Papú
Argentina

CALMA

Cálido abrazo
que doma la tormenta
con aires de sol.

Amor que cura
que acaricia tristezas
sin explicación.

Luna cantora
cómplice de los vientos
reconfórtanos.

Madre que alienta
que acoge y tranquiliza
una y otra vez.

Alegre el alma
que la luna consuela
y se entrega al sol.

Rebecca Morales
Puerto Rico

ARTE

Acariciarte
hasta que me olvides
hasta quemarte.

Reconciliarte
entre húmedos labios
poros sedientos.

Tenerte aquí
pincelarte a besos
hacerte mía.

Encontrar vida
en tu piel, en tu alma
obra de arte.

Dorothee León Cadenillas
Alemania

MIEL

Mi néctar eres.
Aromáticos besos
miman mis labios.

Irresistible
el rico océano
de tu dulzura.

Enciendes astros
viertes gotas de oro
en mi paladar.

Lingote era.
Con tu sabor seductor
me has fundido.

Verónica Amador Colón
Puerto Rico

LIBERTAD

Luz a lo lejos
bombardean mi vida
¡Miserable soy!

Insistiendo voy
que vengan a librarme
y me den la paz.

Busco zafarme
de un amor sufrido
que me asfixia.

Enredando hoy
tu vida a la mía
¡amarga, fría!

¡Retrocede ya!
Vuela con el viento
respira hondo.

¿Tengo ahora...
en dónde refugiarme?
¡Qué pensamiento!

Añoro la paz
que tú me prohíbes, y...
la voy a lograr.

Dando mil vueltas
olvida que existo
¡no me quieras más!

Alexia Carmona Sánchez
México

LUNA

Luminosa es
un polvorón espacial
aquí y allá.

Umbral del bosque
donde aúllan lobos
en la gran noche.

Nocturna actriz
en el mundo sublunar
abajo de mí.

Asombrosa es
en la noche estelar
como tu mirar.

Carmen Chinea Rodríguez
España

NOSTALGIA

Nota musical
suena en mi cabeza
recordándote.

Oscuro temor
de haberme perdido
de no verte más.

Soledad tenaz
incansable, pertinaz
recorre la piel.

Tierra amada
lastimada, dolida
lloro por ti.

Al verte así
herida abierta
piel sangrante.

Lágrimas de sal
de arena, de viento
brotan sin calma.

Gateo perdida
entre escombros negros
polvo y ruinas.

Inmenso país
hermoso, rico, noble
hoy destrozado.

Algún día será.
Sonreiremos juntos
resucitados.

Edwin Torres Aponte
Puerto Rico

DESEO

Distante cielo
sin poseer tu cuerpo
me acompaño.

En oscuridad...
crezco en mis pasiones
sin interrupción.

Sin realizar.
Sin la oportunidad.
Solo intención.

En fantasías
te vivo y te siento
mía... no tuyo.

Ojos cerrados
impúdico y libre
me acaricio...

Carlos Gustavo Gorriarán
Argentina

VERANO

¡Verano arde!
Que tus lenguas de fuego
quemen el hielo.

Eterna brisa
leyenda de susurros
y de pájaros.

Rondan las cumbres
nubes que se estiran
deseando cielo.

Agua y piedras
escriben su leyenda
intensamente.

Nieves cayendo
por la blanca montaña
riegan los prados.

Oscurecerá
y miles de estrellas
serán consuelo.

Alecs Sandovski

MÚSICA

Mágica mujer
prófuga del mañana.
Huracán de paz.

Último grito
euforia contenida.
Notas vuelan.

Sutil tormento
canta un suicida.
Incendio mental.

Instante fugaz
efímero boceto
voz de los mudos.

Cuerda brutal
pirado pentagrama
sonido mortal.

Arte magistral
sinfonía desolada
luz angelical.

Luis Pérez Boitel
Cuba

OTOÑO

Ojos nos miran
con luces que no veo:
el atardecer.

Todo aparece
con supuestas palabras
que ya no diré.

Otoño breve
vuelve sin la respuesta.
Nada olvidaré.

Ñu de la noche
enséñame tu reino
donde volveré.

Oro del tiempo
donde todo parece
un mundo al revés.

María Verónica Moreno
Costa Rica

LOS AÑOS DORADOS

Los rechazo y
me arranco mis sueños
al amanecer.

Odio y temo
suspiro el pasado
lloro futuro.

Suficiente, ¡ya!
Maquinando los cauces:
Pierdo mi ruta.

Atenuar dolor
¡cómo! Amigos nuevos
vecinos pocos.

Ñato ya partió.
Uno existe, cambia
y es eterno.

Ocurrencias. ¡Sí!
Reinventando el tono
doy con mi centro.

Sacudo cargas
arreglo mis bártulos
busco destino.

Dibujo letras
con vidas, inventando.
¡Qué maravilla!

Ordeno temas.
Lo que dijo mi nieto
"creces abuela".

Receta nueva.
Doy vuelta a la página.
Cambio mis gafas.

Apunto datos.
Gozo las veraneras
y el mar dulce.

Detengo dramas.
Alcanzo el cuaderno
voy escribiendo...

Olas rugientes
propuestas indecentes
cubren mis versos.

Sueños de vientre
orillan en lo verde.
¿Ando sembrando?

Jorge Ruiz Galindo
México

SONRISA

Sabia oportuna
das matiz a la vida
buscas fortuna.

Origen feliz
sarcasmo en el rostro
mueca nerviosa.

Naces del alma
y sus miedos infringes
por ella en calma.

Reina en la fiesta
el cupido elocuente
segura apuesta.

Iluminada
y feliz en los rostros
vives tatuada.

Siempre respondes
mensajera de paz
entre los hombres.

Alarde al dolor
en mí finges perenne
y yo el actor.

Carmen Conde Perea
Puerto Rico

TRINO DIOS

Tres pero Uno
Señor del universo
Padre perfecto.

Rey soberano
amor sublime le das
a nuestra vida.

Íntimo amor
que seduces con bondad
a todo humano.

Nunca dudaste
entregar a Tu Hijo
para salvarnos.

Otorgar amor
fue Tu determinación
en el inicio.

Divino amor
eres sinigual fuente
mi tesoro, sí.

Infinito ser
misericordia sinfín
a todos nos das.

Oda para Ti
Omnipotente poder.
¡Incomparable!

Señor excelso
nuestro Libertador
mi Jesucristo.

Aníbal Delgado Núñez
Puerto Rico

LLANTO

Lágrimas callan
el dolor incipiente
por abandono.

Lamento febril
ausencia de besos
amor perdido.

Animosidad
lloriqueo, lamento
sí, gimoteo.

Noches obscuras
rabieta, desconsuelo
falta de amor.

Tiernas caricias
echadas al olvido
eclipse total.

Obsolescencia
de caricias que pude
olvidar, sin ti.

Elba Morales Valdés
Puerto Rico

DESEO

De nada sirven
los placeres mundanos
si no tengo paz.

Estar envuelta
en el correr del tiempo
actuar sin pensar.

Siento la vida
escaparse toda en
un pestañear.

Encontrar solaz
agradecer la tierra
y vivir sin más.

Oler mi rosal
escribir mis memorias
en quietud estar.

Reinier del Pino Cejas
Cuba

SIGLEMA

Soplo de vida.
Poema que nos cabe
en una mano.

Imagen vasta
que pasa como una
breve caricia.

Guante de seda
tocando con palabras
la piel del alma.

Letra apacible.
Panal que se disfruta
celda por celda.

Estrecha línea.
Devela el contenido
de las entrañas.

Mínima estrofa.
Molécula que encierra
el universo.

Arte supremo.
Semilla, árbol y fruto
de mí, naciendo.

Andrea Gutiérrez Romero

España

PASIÓN

Pureza firme
que envuelve todo el cuerpo
cegando el alma.

Abrazos fuertes
que llegan al corazón
y sienten la piel.

Sueños logrados
del trabajo alcanzado
con cada día.

Ilusiones y
deseos conseguidos
en mi cabeza.

Órbita andante
que mueve mi universo
pues me ilumina.

Nacer otra vez
recuperando el tesón
del primer día.

Nomar Nikko Borrero
Puerto Rico

LIENZO

Libre y voraz
consumes pinceladas
en el silencio.

Inviertes tonos
de matiz invisible
ante mis ojos.

Encierras sombras
en tu prisión de papel
blanco y frío.

Niegas color
a mi creación rota
y tan ilusa.

Zarpo deshecho
ante tu rostro vacío
e intocable.

Otro día pasa
sin yo poder pintarte
y tu respirar.

Honorio Agosto Ocasio
Puerto Rico

PITIRRE

Preciosa ave
que transitas el cielo
de mis ancestros.

Intuyes valor
ante la adversidad
del cruel tirano.

Tu tierno canto
con aroma de café
deleita a Dios.

Imploras perdón
justicia y libertad
para tu pueblo.

Riñes triunfante
contra los guaraguaos
tras bastidores.

Ratificas más
el garbo y linaje
que te reviste.

Eres pitirre
el himno que pregona
Borinquen bella.

Madeline Santos Zapata
Puerto Rico

CARTA

Callado hablar
discurre entre hileras
ansia de encuentros.

Añejas letras
peregrinas páginas
sin dar respuestas.

Rúbrica fina
corona tu presencia
lacrada en sobre.

Tiempo en dobleces
cuentan mutuo pasado
burlan distancias.

Ágape entre dos
pliego de voluntades
sin decir adiós.

Lisa María Hernández
Puerto Rico

PATRIA

Pensarte mía
bañarme en tus aguas
tan cristalinas.

Amar tus tierras
en cada paso que doy
sentirte mía.

Tenerme en ti
despiertas mis mañanas
de cafetales.

Ramos de robles
tus campos florecidos
ante mis ojos.

Inocencia y
esperanza pintada
azul celeste.

Astro fugado
de un cielo perfecto
en el que nací.

Gabriel Meroli
Puerto Rico

MARÍA

Mi mortal ráfaga
descuartiza el purpúreo
mar caribeño.

Arranca el palmar
(e/a)l ser puertorriqueño
y al coquí acalla.

Restringida la
Isl(archipiélago), es hoy
tan solo llanto.

Ímpetu voraz
de a viva voz hoy luchar
de reverdecer.

A(r)mada Tierra
reclama, ¡Borikén!
Resiliencia da.

Josué García Cruz
Puerto Rico

MÚSICA

Mundo y castillo
dirigido por notas
con mucho aliento.

Útero loco
de sonidos urgentes
y compasivos.

Silencio que arde
que conmueve la mente
con melodía.

Inquebrantable
incógnita guitarra
imagen bruja.

Como las gotas
que de un árbol caen libres
siguiendo un ritmo.

Así mi ser
con música de fondo
se va durmiendo.

Marta Ester Ganzero
Argentina

YO

Yugo intrínseco
en la guerra y en la paz
liberándome.

Oye los gritos
que rompen el silencio
desde el útero.

Stella Maris Farfán
Argentina

SILENCIO

Sigiloso es
el andar cotidiano
de esta vida.

Inmutable es
el ruidoso mutismo
de los sonidos.

Libre quedaré
hablando con mis manos
todo mi sentir.

Estrecha brecha
se acortan distancias
que nos acercan.

Nada pasará
si no haces visible
gestos y señas.

Comunicando
tendremos más derechos
y más igualdad.

Irradiante voz
es la lengua de señas
en el diario lid.

Otrora vida
será la del silencio
que hoy, resurge.

Thalia Milagros Sánchez
Venezuela

MI PAÍS

Mística tierra
desbordada en llanto
desde adentro.

Intangible voz
de un pueblo cantando
himnos de lucha.

Paisaje azul
de mar y cordillera
entre la ruina.

Amarnos será
una forma de unión
en este tiempo.

Inmarcesible
tu silueta, el nombre
mi Venezuela.

Silvestre lecho
de los frutos benditos
que alimentan.

Arlene Irizarry
EE.UU./Puerto Rico

GUITARRA

Guardiana de los
secretos sonoros del
corazón triste.

Un día sufre
sonando acordes de
falsas promesas.

Íntimas, simples
persiguiendo notas que
te embellecen.

Triste, pues ya no
siento tus caricias o
tu fiel sonrisa.

Animándome
disfrazando la pena
tras la derrota.

Rasgo tus cuerdas
con sutileza, mientras
tu cuerpo vibra.

Ritmos mundanos
que silencian el llanto
de culpas viejas.

Alma herida
que busca el consuelo
de tu abrazo.

Carmen Meléndez Torres
Puerto Rico

BESO

Busco tus labios
manantial de locura
vital aliento.

Estreno sueños
viajando por tu boca
fuente del deseo.

Sentir tu lengua
descubriendo senderos
a mis sentidos.

Obsesión dulce
nuestras almas inquietas
bailando un vals.

Rafael Martínez Contreras
México

PARA TI

Para el hombre
para el maestro, para ti
gran compañero.

Ayer, hoy, siempre
no puedo, te extraño
te necesito.

Respiro hondo
trabajo en ello, pero
me asusto, lloro.

Ahora sin ti
tengo la obligación
del hombre fuerte.

Tú ya te fuiste
dime ahora, dime
cuál es mi misión.

Insisto, dime
necesito saber qué
tengo que hacer.

Flor Paz Huamán
Perú

POESÍA

Palabra viva
sentimiento puro y
expresión oral.

Obsequio de Dios
inspiración al máximo...
creatividad.

Exteriorizar
emociones, ideas
imaginación.

Sueños, ilusión
fantasía y realidad
del ayer y hoy.

Iluminación
numen fugaz del vate
igual a poesía.

Arte escrito
composición en verso
poesía en flor.

Nanim Rekacz
Puerto Rico/Argentina

GENTE

Gestos vitales
nos unen, humanizan
hacen especie.

En todos moran
rasgos comunes, somos
de un mismo tronco.

Nos enfrentamos
en guerras entre hermanos:
todos perdemos.

Tiempos vendrán
solidarios, sin odios.
¡Hay que lograrlo!

En nuestras manos
está la paz futura
y ahora empieza.

Bella Martínez
Puerto Rico

<u>SOY</u>

Soneto de mí
como si estuviese aquí
aunque estoy allá.

Oro molido
quien me recuerda siempre
aun cuando tarde.

Yacente en mente
el recuerdo de aquel lar
acostado en mí.

Josh Neves
Venezuela

LÁGRIMA

Lamento ese día
en que nuestros caminos
se apartaron.

Acta est fabula:
ambos tuvimos culpa
del triste final.

Guardé rencor a
tu persona; atrás está
quedando, pero...

Recuerdos míos
y nuestros, por las noches
aún me despiertan.

Intensamente
desatan dentro de mí
muchas tormentas.

Mal del corazón
por ti tornose oscuro
frío como el hielo.

Aunque siempre se
desmorona ante el río
de mis lágrimas.

Jaime Agustín Ramírez
México

ANHELO

Ansío volver
evoco tu caminar
dibujo tu ser.

Niego tu partir
aludo al espejo
aquí espero.

He de buscarte.
Soledad tardía llamó
suelto tu mano.

Existencias van
dejos efímeros, tú
sueños perdidos.

Locura en ti
etéreo divino
fugaz recuerdo.

Olvidar deseo
soliloquio de ayer
finito encuentro.

Lizzie Nevárez de Jesús
Puerto Rico

TIEMPO

Toda ocasión
en el silencio surges
para dejar ver.

Inmenso eres
antes, durante, después
eso abarcas.

Expandes la luz
brillas uniendo todo
relampagueas.

Muy comedido
abarcas el espacio
siempre presente.

Puedes ir al mar
y no ser detenido
en la orilla.

Oda de horas
las agujas te marcan
para ya pasar.

Ellos dijeron lo que querían decir.